www.ingramcontent.com/pod-product-compliance
Lightning Source LLC
LaVergne TN
LVHW010415070526
838199LV00064B/5302
* 9 7 8 9 3 5 8 7 2 9 2 4 5 *

احمد علی برقی اعظمی

کی شعری کائنات

(مضامین)

مرتب:

اعجاز عبید

© Taemeer Publications LLC

Ahmad Ali Barqi Azmi ki Sheri kainaat (Essays)
by: Aijaz Ubaid
Edition: March '2024
Publisher :
Taemeer Publications LLC (Michigan, USA / Hyderabad, India)

ISBN 978-93-5872-924-5

مصنف یاناشر کی پیشگی اجازت کے بغیر اس کتاب کا کوئی بھی حصہ کسی بھی شکل میں بشمول ویب سائٹ پر اَپ لوڈنگ کے لیے استعمال نہ کیا جائے۔ نیز اس کتاب پر کسی بھی قسم کے تنازع کو نمٹانے کا اختیار صرف حیدرآباد (تلنگانہ) کی عدلیہ کو ہو گا۔

© تعمیر پبلی کیشنز

کتاب	:	**احمد علی برقی اعظمی کی شعری کائنات**
مرتبہ	:	**اعجاز عبید**
صنف	:	غیر افسانوی نثر
ناشر	:	تعمیر پبلی کیشنز (حیدرآباد، انڈیا)
سالِ اشاعت	:	۲۰۲۴ء
صفحات	:	۴۶
سرورق ڈیزائن	:	تعمیر ویب ڈیزائن

فہرست

(۱)	برقیؔ اعظمی کی اردو شاعری	اسرار احمد رازی	6
(۲)	عصری شاعری میں غزلیہ ہیئت کے نگہبان: برقیؔ اعظمی	ڈاکٹر محمد صدیق نقوی	15
(۳)	ڈاکٹر احمد علی برقیؔ اعظمی، عصر حاضر کے شگفتہ بیان شاعر	ڈاکٹر نصرت جہاں	27
(۴)	ڈاکٹر احمد علی برقیؔ اعظمی کی موضوعاتی شاعری	ڈاکٹر غلام شبیر رانا	36
(۵)	احمد علی برقیؔ اعظمی نئ فکری جہات کا شاعر	ابوالفیض عزمؔ	46

(۱) برقیؔ اعظمی کی اردو شاعری

اسرار احمد رازی قاسمی

سید صباح الدین عبد الرحمن مرحوم سابق ڈائریکٹر دارالمصنّفین و مدیر ماہنامہ معارف کے شاگردِ رشید ڈاکٹر احمد علی برقیؔ اعظمی کی شخصیت محتاجِ تعارف نہیں ہے۔ موصوف ۱۹۷۷ سے تاحال دہلی میں مقیم ہیں۔ ان کا تعلق ہندوستان کی مردم خیز سرزمین اعظم گڑھ شہر کے محلہ باز بہادر کے ایک علمی گھرانے سے ہے۔ شاعری کا ذوق و شوق انہیں ورثے میں ملا ہے۔ موصوف کے والد ماجد رحمت الٰہی برقؔ اعظمی مرحوم ایک کہنہ مشق شاعر تھے۔ ان کے بڑے بھائی ڈاکٹر رحمت علی اکمل، ڈاکٹر شوکت علی شوکت اعظمی اور برکت علی برکت اعظمی بھی شعر و سخن سے شغف رکھتے ہیں۔ ڈاکٹر برقی نے اعظم گڑھ سے ابتدائی تعلیم اور شبلی نیشنل کالج اعظم گڑھ سے اردو میں ایم اے کرنے کے بعد دہلی میں جواہر لال نہرو یونورسٹی سے ۱۹۹۶ میں فارسی میں ڈاکٹریٹ کی ڈگری حاصل کی اور پھر آل انڈیا ریڈیو نئی دہلی میں ملازمت اختیار کرلی۔

ڈاکٹر احمد علی برقیؔ کی شاعری کا دائرہ بہت وسیع ہے-ایک طرف ان کی شاعری میں موضوعات کا تنوع قارئین و ناظرین کو متوجہ کرتا ہے تو دوسری طرف ان کی شعری خصوصیات اپنی زلف گرہ گیر کا اسیر بنالیتی ہیں۔ ڈاکٹر برقیؔ اعظمی کے جذبوں کی صداقت، کلام کی شیرینی و ملاحت اور عرض ہنر میں دیدہ و دل کی بصارت جگہ جگہ جلوہ افروز نظر آتی ہے۔ وہ نہ تو مافوق العادت اوہام و تخیلات کے اسیر ہیں اور نہ ہی ماورائیت کے دلدادہ

بلکہ زمین پر ننگے پاؤں چل کر زمینی حقیقتوں کا بچشم خود مشاہدہ کرتے ہیں اور ان سے بے باکانہ آنکھیں ملا کر باتیں کرتے ہیں۔ ان کے افکار و خیالات میں قدامت یا باسی پن کا کوئی احساس نہیں ہوتا، تازہ کاری ان کا وصف خاص ہے۔ وہ عصر حاضر کے بیحد ترقی یافتہ سماج میں کلبلاتے درد سے پوری طرح باخبر ہیں۔ وہ امن و سکون کو غارت کرنے والی جنگوں سے اجتناب کی دعوت تو دیتے ہیں لیکن زندگی کی جنگ علم و حکمت سے جیتنے کی وکالت بھی کرتے ہیں احمد علی برقیؔ کی شاعری میں اپنائیت لئے آفاقی احساسات کچھ اس انداز میں جلوہ گر ہوتے ہیں کہ قاری انہیں اپنے دل سے بہت قریب پاتا ہے۔

برقی اعظمی کی شاعری میں وسعت، زبان و بیان کی دلکشی، لہجہ اور طرز ادا کی شیرینی، انداز بیان کی شگفتگی اور فکر و خیال کی رعنائی کے علاوہ لکھنے والوں کے لئے اس میں بہت کچھ ہے، خصوصاً موضوعات کا تنوع محققین کو راغب کرنے کے لئے کافی ہے-ان کی شخصیت کی عبقریت پر بہت سے دلائل شاہد عدل ہیں کیونکہ انہوں نے وہ کارہائے نمایاں انجام دیے ہیں جن کا اردو ادب کی آبیاری میں بہت بڑا کردار ہے۔ ان کا قلم بے تکان لکھتا ہے، خوب لکھتا ہے اور بہت تفصیل سے لکھتا ہے ان کا اپنا رنگ ہے اپنا زاویہ نگاہ اور الگ شناخت ہے۔ ان کے کلام کی خصوصیات پر کچھ لکھنا سورج کو چراغ دکھانے کے مترادف ہے۔ تسلسل، تغزل، انداز بیان، روانی الفاظ و ترکیبات کی جیسے ایک جوئے شیریں رواں دواں نظر آتی ہے۔

وہ انتہائی زود گو، خوش گو، بسیار گو شخصیت کے مالک ہیں۔ فکر و فن کی باریکیاں ان کے آگے طفل مکتب نظر آتی ہیں بلاشبہ برقیؔ اعظمی ایک عبقری شخصیت کے مالک ہیں۔ انہوں نے اپنی مجموعی شاعری سے یہ بھی ثابت کر دیا ہے کہ وہ ایک مخصوص دھارے میں بندھنے کے عادی نہیں ہیں بلکہ تنوع ان کی فطرت میں شامل ہے۔ ان کی غزلیں

تغزل سے بھرپور اور فنکارانہ حسن کاری سے مزین ہوتی ہیں۔ تراکیب کی خوبصورتی، تشبیہات کی ندرت، الفاظ کا جادوئی دروبست، نرم و خوشنما قافیوں کے موتی، مشکل اضافتوں کے باوجود مصرعوں کی روانی اور ان سب پر مستزاد آپ کی کسر نفسی دلوں کو متاثر کرتی ہے۔ ڈاکٹر برقی اعظمی کی غزلیں نہایت خوبصورت ردیفوں میں طرز ادا کی خوشنمائی کے ساتھ ساتھ انفرادی طرزِ فکر اور جدت پسندی کی بھی نمائندگی کرتی ہیں۔ وہ تجربات کی دلکشی کو کلام کی روح میں سمو کر احساس کی خوشبو جگاتے ہیں اور قاری کے دل و دماغ کو متاثر کر کے جمالیاتی شعور کی آبیاری کرتے ہیں۔ ان کی سخنوری، طبیعت کی موزونیت اور روانی ہمیشہ ہی قائل کرتی ہے۔ ان کے ان اوصاف کا ہر شخص مداح ہے۔

برقیؔ اعظمی کی موضوعاتی اور فی البدیہہ شاعری

شعر گوئی ایک بہت خوبصورت فن ہے۔ ایک اچھا شعر یا ایک خوبصورت غزل کہنے کے بعد شاعر کو روحانی فرحت و انبساط اور قلبی راحت وطمانیت کا احساس ہوتا ہے تاہم فی البدیہہ شاعری اکثر شعراء کے لئے مشکل اور ایک بہت کٹھن مرحلہ ہوتا ہے۔ دراصل شاعر دو طرح کے ہوتے ہیں ایک تو "فطری شاعر" اور دوسرے وہ لوگ جو فن شعر و شاعری سے استفادے کے بعد بالقصد یعنی ارادتاً شاعری کرتے ہیں۔ فطری شاعر پیدائشی شاعر ہوتے ہیں ایسی بہت سی مثالیں موجود ہیں کہ کسی کمسن یا بالغ شخص نے کہ جس نے فن عروض یا شعر و شاعری کے بارے میں کبھی نہ کچھ پڑھا اور نہ ہی کسی سے سنا لیکن اس کی زبان سے منظوم کلام جاری ہو گیا۔ تاریخ میں ایسے بہت سے شعراء کا نام محفوظ ہے جنہوں نے فن عروض سے استفادے کے بغیر لاجواب شاعری کی اور عصر حاضر میں بھی ایسے بہت سے شعراء موجود ہیں جو فطری شاعر ہیں یعنی وہ بہ تکلف شاعری نہیں کرتے بلکہ شعر خود بخود ان کی زبان پر جاری ہو جاتا ہے تاہم عہد حاضر میں شعراء کی

ایک تیسری قسم بھی پائی جاتی ہے جو نہ فطری شاعر ہیں اور نہ ہی ارادی شاعر ہیں ہم انہیں "متشاعر" کے نام سے جانتے ہیں جو بہ تکلف بھی شاعری پر قدرت نہیں رکھتے نتیجتاً انہیں کئی مواقع پر منہ کی کھانی پڑتی ہے۔

برقیؔ اعظمی کی بداہت گوئی ان کی موضوعاتی شاعری میں بہت کھل کر سامنے آئی ہے۔ وہ شاعری جو کسی خاص عنوان یا موضوع کے تحت کی جائے اسے موضوعاتی شاعری کہتے ہیں۔ ادبی شخصیات سے متعلق تعارفی تحریروں میں برقیؔ صاحب نے اپنے ذاتی تاثرات کے علاوہ ان کی خصوصیات، کارناموں اور اختصار کے ساتھ ان کی "حیات و خدمات" پر خاطر خواہ روشنی ڈالی ہے جو بلاشبہ ان کی قابل قدر خدمت ہے- ہماری اہم ترین ادبی شخصیات سے نوجوان نسل کو متعارف کرانے کا یہ نہایت خوبصورت اور دلپذیر انداز ہے جس کی ہندوپاک کے ادبی حلقوں میں پذیرائی کی جانی چاہیئے۔ انہوں نے بے شمار موضوعات پر شاعری کی ہے- آج ہماری نئی نسل میں فلم، ٹی وی، موبائل اور انٹرنیٹ کے تیئں بڑھتے کریز کی وجہ سے کتابوں کی طرف سے رجحان بالکل ختم ہوتا جارہا ہے جو علماء اور دانشوروں کے لئے لمحہ فکریہ اور پورے معاشرے کے لئے ایک بہت بڑا مسئلہ ہے۔ ڈاکٹر برقیؔ اعظمی کی موضوعاتی شاعری سے متعلق ڈاکٹر غلام شبیر رانا رقمطراز ہیں "اردو ادب میں موضوعاتی شاعری پر بہت کم توجہ دی گئی ہے۔ قلی قطب شاہ سے لے کر ڈاکٹر احمد علی برقی اعظمی تک اردو میں موضوعاتی شاعری نے جو ارتقائی سفر طے کیا ہے اس کا جائزہ لینے سے یہ حقیقت روز روشن کی طرح واضح ہو جاتی ہے کہ موضوعاتی شاعری نے اب ایک مضبوط اور مستحکم روایت کی صورت اختیار کر لی ہے۔ اس رجحان کو انجمن پنجاب کی خیال پرور اور فکر انگیز شاعری سے بے پناہ تقویت ملی۔ آقائے اردو مولانا محمد حسین آزاد کی مساعی سے اردو میں موضوعاتی شاعری کو ایک اہم مقام ملا۔ اس کے بعد یہ

روایت مسلسل پروان چڑھتی رہی۔ عالمی شہرت کے حامل نامور شاعر محسن بھوپالی کا ایک شعری مجموعہ "موضوعاتی شاعری" کے نام سے آج سے پندرہ برس پہلے شائع ہو چکا ہے۔ اس سے یہ صداقت معلوم ہوتی ہے کہ روشن خیال ادیبوں، دانشوروں اور شاعروں نے موضوعاتی شاعری کی اہمیت کو تسلیم کرتے ہوئے اس صنف میں طبع آزمائی کی۔ مجھے یہ جان کر خوشی ہوئی کہ ممتاز ادیب، شاعر، دانشور، نقاد اور محقق ڈاکٹر احمد علی برقیؔ اعظمی نے اردو کی موضوعاتی شاعری پر بھرپور توجہ دی ہے۔ ان کی شاعری کے متعدد نمونے میرے سامنے ہیں۔ وہ جس موضوع پر قلم اٹھاتے ہیں اسے لازوال بنا دیتے ہیں۔ ان کا اختصاص یہ ہے کہ وہ عظیم تخلیق کاروں کو منظوم خراج تحسین پیش کر کے ان کے بارے میں مثبت شعور و آگہی پروان چڑھانے کی مقدور بھر سعی کرتے ہیں۔ اس میدان میں ان کی مساعی اپنی مثال آپ ہیں۔ جس انداز میں وہ اپنے موضوع پر طبع آزمائی کرتے ہیں اوروں سے وہ تقلیدی طور پر بھی ممکن نہیں۔ اس لازوال اور ابد آشنا شاعری میں کوئی ان کا شریک اور سہیم دکھائی نہیں دیتا۔ مرزا اسد اللہ خان غالب، میر تقی میر، احمد فراز، پروین شاکر، فیض احمد فیض، سید صادقین نقوی، مظفر وارثی اور متعدد عظیم تخلیق کاروں کو ڈاکٹر احمد علی برقیؔ اعظمی نے جس خلوص اور دردمندی سے خراج تحسین پیش کیا وہ نہ صرف ان کی عظمت فکر کی دلیل ہے بلکہ اس طرح ان کا نام جریدہ عالم پر ہمیشہ کے لیے ثبت ہو گیا ہے۔ ان کا اسلوب ان کی ذات ہے۔ وہ انسانی ہمدردی کے بلند ترین منصب پر فائز ہیں۔ کسی کا دکھ درد دیکھ کر وہ تڑپ اٹھتے ہیں اور فی البدیہہ موضوعاتی شاعری کے ذریعے وہ تزکیہ نفس کی متنوع صورتیں تلاش کر کے ید بیضا کا معجزہ دکھاتے ہیں۔ ان کی موضوعاتی شاعری کا تعلق کسی ایک فرد، علاقے یا نظریے سے ہرگز نہیں ان کی شاعری میں جو پیغام ہے اس کی نوعیت آفاقی ہے اور وہ انسانیت کے ساتھ روحانی وابستگی اور قلبی

انس کا بر ملا اظہار کرتے ہیں۔ ان کا یہ اسلوب انھیں ممتاز اور منفرد مقام عطا کرتا ہے۔ ان کے بار احسان سے اردو داں طبقے کی گردن ہمیشہ خم رہے گی۔ انھوں نے تہذیبی اور ثقافتی اقدار کو اشعار کے قالب میں ڈھال کر وہ معرکہ آرا کارنامہ انجام دیا ہے جو تاریخ ادب میں آب زر سے لکھا جائے گا"

یادِ رفتگاں کے عنوان سے مرحوم ادباء، شعراء و دیگر مختلف ادبی، مذہبی، سیاسی، سماجی، فلمی اور اسپورٹس سے وابستہ شخصیات پر فی البدیہہ شاعری کی ہے۔ اس ضمن میں انہوں نے غالب، میر، نظیر اکبر آبادی، شاد عظیم آبادی، شکیل بدایونی، محمد رفیع، مجروح سلطان پوری، کیفی اعظمی، ناصر کاظمی، پروین شاکر کے علاوہ شبلی نعمانی، سر سید، سجاد حیدر یلدرم، رحمت الٰہی برقؔ اعظمی، اسرار الحق مجاز، جوشؔ ملیح آبادی، جگر مرادآبادی، عبد العزیز یاس چاند پوری، امتیاز علی تاج، ابن صفی، وزیر آغا، ابن انشاء، پروفیسر امیر حسن عابدی، ڈاکٹر قمر رئیس، مقبول فدا حسین اور نواب پٹودی جیسی تمام اہم میدانوں کی قد آور شخصیات پر انہوں نے اتنا کچھ لکھا ہے کہ

سفینہ چاہئے اس بحر بیکراں کے لئے

موصوف کی موضوعاتی نظمیں گلوبل وارمنگ، ماحولیات پولیو، ایڈز، سائنس اور مختلف عالمی دنوں جیسے موضوعات کا احاطہ کرتی ہیں۔ اس قبیل کی اب تک تحریر کردہ ان کی کاوشوں سے کئی ضخیم مجموعے تیار ہو سکتے ہیں اور یہ گرمیٔ تحریر تادم تحریر جاری ہے۔

موضوعاتی شاعری کے تحت ڈاکٹر احمد علی برقیؔ اعظمی نے ماحولیات، سائنس، بین الاقوامی دنوں، اور آفات ارضی و سماوی وغیرہ پر بھی بہت کچھ لکھا ہے۔ جس کا علاحدہ مجموعہ مرتب کیا جا سکتا ہے۔ ۲۰۱۰ میں جناب اعجاز عبید نے موصوف کی ۵۰ موضوعاتی نظموں کا انتخاب "برقی شعاعیں" کے نام سے برقی کتاب کی شکل میں شائع کیا تھا۔

موصوف برقیؔ اعظمی نے ڈاکٹر محمد اسلم پرویز کی ادارت میں شائع ہونے والے ماہنامہ "سائنس" میں ۶ سال تک ہر ماہ مسلسل موضوعاتی نظمیں لکھی ہیں - مزید برآں ڈاکٹر برقیؔ اعظمی آج بھی کئی ویب سائٹوں جیسے اردو انجمن، اردو جہاں، اردو گلبن، اردو بندھن، شام سخن، اردو دنیا، آبجو، شعر و سخن وغیرہ سے وابستہ ہیں۔ آج بھی ان کی بداہت گوئی کا یہ عالم ہے کہ وہ فیس بک، اردو لٹریری فورم، محاسن ادب، انحراف ادبی گروپ، فن اور فنکار، جدید ادبی تنقید، محمد معز خان صاحب کی محفل مشاعرہ و دیگر ویب سائٹوں اور ادبی فورموں کی ہفت روزہ، پندرہ روزہ، ماہانہ اور سہ ماہی نشستوں میں اپنی فی البدیہہ طرحی، غیر طرحی اور عام تخلیقات شیئر کرنے کے ساتھ ساتھ اپنے فی البدیہہ منظوم تبصرے بھی رقم فرماتے ہیں۔ وہ آج بھی فیس بک پر اور دنیا بھر کی کئی ویب سائٹوں پر فی البدیہہ طرحی اور عام مشاعروں میں پابندی سے شرکت کرتے ہیں۔ انہوں نے درجنوں کتب پر بھی اپنے تاثرات اور تبصروں کو منظوم شکل میں پیش کیا ہے۔
موصوف نے اپنے زیر ترتیب شعری مجموعے "روحِ سخن" پر اپنا منظوم پیش لفظ بھی تحریر فرمایا ہے۔ ڈاکٹر برقیؔ اعظمی کی فی البدیہہ شاعری اس وقت اپنے شباب پر ہے۔ فی الحال وہ کئی ویب سائٹوں، انٹر نیٹ کے فورموں اور بلاگوں کے لئے فی البدیہہ لکھ رہے ہیں۔
بداہت گوئی کے لحاظ سے ڈاکٹر برقیؔ اعظمی کا فیس بک پر روز شائع ہونے والا کلام بھی بڑی اہمیت کا حامل ہے۔ وہ کبھی کسی انگریزی نظم کا اردو میں فی البدیہہ ترجمہ پیش کر دیتے ہیں، کبھی کسی مشہور و معروف شخصیت کے انتقال پر ملال پر منظوم تعزیتی پیغام اپ لوڈ کر دیتے ہیں، کبھی کسی صاحب ہنر کو اعزاز و اکرام سے نوازے جانے پر اس کی زندگی کی حصولیابیوں پر فی البدیہہ مختصر سوانح اور کارناموں پر مشتمل پرزور نظم پیش کر دیتے ہیں۔ الغرض سارا دار مدار اپیلنگ پر ہے جو چیز ان کو اپیل کرتی ہے اس کے بارے میں

اپنے تاثرات، خیالات، تجزیات فی الفور منظوم صورت میں حاضر کر دیتے ہیں۔ اس کے علاوہ رسمی طور پر فیس بک پر احباب اپنی مختلف تخلیقات میں برقیؔ صاحب کو ٹیگ کرتے ہیں جن پر اپنا مختصر تبصرہ بھی وہ اکثر اشعار کی صورت میں پیش کرتے ہیں جو ان کی فی البدیہہ شاعری کی ایک بہت بڑی دلیل اور جیتی جاگتی مثال ہے۔

ان سب کے باوجود ان کی گمنامی کی سب سے بڑی وجوہات میں کچھ ان کی گوناں گوں مصروفیات اور کچھ مخصوص اداروں کی بے توجہی کار فرما رہی۔ جس کی وجہ سے وہ زمینی سطح پر بہت کم آمیز واقع ہوئے ہیں۔ ڈاکٹر برقیؔ اعظمی تقریباً ۲۸ سالوں سے آل انڈیا ریڈیو کے شعبہ فارسی سے منسلک ہیں۔ اتنے طاقتور سوشل میڈیا سے طویل وابستگی کے باوجود انہوں نے کبھی بھی اس کا استعمال اپنے ذاتی مقاصد کے لئے نہیں کیا۔ حالانکہ فن شاعری میں ان کے اعلی مقام کے پیش نظر اگر وہ چاہتے تو آج پوری اردو دنیا میں برقیؔ اعظمی کا طوطی بولتا مگر اپنی خود داری، قناعت پسندی اور عزلت پسندی کے پیش نظر وہ گوشۂ گمنامی میں قید رہے اس تلخ حقیقت کے درد کو انہوں نے اپنے ایک شعر میں کچھ اس طرح بیان کیا ہے

ہو تا زمانہ ساز تو سب جانتے مجھے
کیا خوئے بے نیازی ہے دیوانہ پن مرا

اسی کرب کو ایک جگہ وہ یوں بیان کرتے ہیں

ویب سائٹوں پر لوگ ہیں خوش فہمی کا شکار
نا آشنائے حال ہیں ہمسائے بھی مرے

ایک جگہ یوں فرماتے ہیں

فصیل شہر سے باہر نہیں کسی کو خبر

بہت سے اہلِ ہنر یوں ہی مر گئے چپ چاپ

یہ حقیقت ہے کہ انہوں نے نمائش سے قطع نظر عزلت پسندی اور گوشہ گیری کو ترجیح دی حالانکہ وہ چاہتے تو آل انڈیا ریڈیو کی "اردو سروس" اور "اردو مجلس" کی ماہانہ نشستوں میں شریک ہو کر اپنے کلام کے جوہر دکھا سکتے تھے مگر انہوں نے ایسا نہیں کیا۔ اتنے پاور فل میڈیا سے وابستگی کے باوجود انہوں نے خود کو پروجیکٹ کرنے سے گریز کیا اور وہ آج بھی اپنی اسی روش پر قائم ہیں۔ اب وقت آگیا ہے اور یہ ہماری صحافتی برادری کی اب مشترکہ ذمہ داری ہے کہ "حق بحق دار رسد" کے تحت اردو ادب میں ڈاکٹر برقیؔ اعظمی کے مقام کا تعین کیا جائے اور ان کی خدمات کا دل کھول کر اعتراف کیا جائے۔

میدانِ شعر و سخن میں وہ آج بھی سرگرم سفر ہیں -دہلی کی مقامی ادبی نشستوں میں پابندی سے شریک ہوتے ہیں -فیس پر موجود ان کے البم میں ایک ہزار سے زائد غزلیں اور نظمیں دیکھی جا سکتی ہیں علاوہ ازیں ان کی تخلیقات دیگر ویب سائٹوں، رسائل و اخبارات مثلاً بزم سہارا، راشٹریہ سہارا، نئی دنیا، گواہ حیدر آباد، اردو لنک شکاگو، لمس کی خوشبو حیدر آباد وغیرہ میں تواتر کے ساتھ شائع ہوتی رہتی ہیں۔ برقیؔ اعظمی کی شاعرانہ خصوصیات و محاسن کا احاطہ اس مختصر مضمون میں نہایت دشوار ہے میں بس اسی پر اکتفا کروں گا کہ

دامانِ نگہ تنگ و گلِ حسن تو بسیار

(۲) عصری شاعری میں غزلیہ ہیئت کے نگہبان: ڈاکٹر برقیؔ اعظمی

ڈاکٹر محمد صدیق نقویؔ

اظہارِ ذات اور اظہارِ کائنات کے لیے دورِ حاضر میں نظم کو اہمیت حاصل ہوتی جا رہی ہے جب کہ طویل عرصے تک قطعہ بند اور غزلیہ اشعار کے توسط سے ہی تمام اظہارات کو مربوط کر دیا گیا تھا، اگر چہ عصری آگہی کی رمق نظم نگاری کے زیرِ اثر پروان چڑھ رہی ہے اور آزاد نظم اور معرّیٰ نظم کے علاوہ نثری نظم کے عنوانات سے بیشتر شعراء کیفیاتی فضا اور ماحولیاتی اظہار کو نمونہ بنا کر شاعری کی جوت جگا رہے ہیں لیکن نظم کے وسیع میدان میں غزل کی ہیئت کو برقرار رکھتے ہوئے موضوعاتی غزلِ مسلسل لکھ کر اپنا تعارف اور اردو کے مرحوم شعراء کو خراجِ عقیدت اور پھر غزل گوئی کے ذریعے منفرد لب و لہجے کی نمائندگی کرنے والے شاعروں میں ڈاکٹر احمد علی برقی اعظمی کا شمار ہوتا ہے جو رواں بحروں کے انتخاب اور اضافتوں سے اجتناب برتتے ہوئے خالص سہلِ ممتنع میں غزل لکھنے پر کافی عبور رکھتے ہیں۔ انہوں نے اپنا تعارف خود غزلیہ انداز میں منظوم کر کے یہ ثابت کر دیا ہے کہ غزل کی شعری ہیئت پر انہیں کافی عبور حاصل ہے اور مردّف ہی نہیں بلکہ غیر مردّف غزلیہ ہیئت کے ذریعے وہ نعتِ شریف لکھنے اور غزل کے موضوعات کو پیش کرنے کے ساتھ ساتھ شاعروں کو منظوم نذرانہ پیش کرنے کے لیے بھی غزل کی ہیئت کا استعمال کرتے ہیں۔ کسی شاعر کی یہ انفرادیت ہی اس کی ادبی شناخت کے لیے کافی

ہے۔ برقی اعظمی نے اس چھ غزلیہ اشعار میں جس انداز سے اپنا منظوم تعارف پیش کیا ہے اس سے خود اندازہ لگانا آسان ہو جاتا ہے کہ سادہ لفظوں اور رواں تراکیب کے ذریعے شعر گوئی کرنے اور اس میں معنویت کے دفتر کے دفتر پوشیدہ رکھنے کا ہنر احمد علی برقی اعظمی کو خوب آتا ہے اور انہوں نے اپنی شاعری کے لیے غزل کی ہیئت کا استعمال کر کے یہ ثابت کر دیا ہے کہ اکیسویں صدی میں قدم رکھتے ہوئے غزل کی ہیئت میں اس قدر جان ہے کہ وہ عصرِ حاضر کے تمام نئے مسائل کو اسی ہیئت میں پیش کرنے کی صلاحیت سے مالا مال ہے۔ سب سے پہلے شاعر کے تعارف کو ملاحظہ فرمایئے کہ وہ کس روانی کے ساتھ غزل لکھتا ہے اور اسی غزل میں اپنے تعارف کو بھی پیش کرنے میں کامیابی حاصل کر لیتا ہے۔ شاعر کا منظوم تعارف غزلیہ لب و لہجے میں ملاحظہ ہو۔

شہر اعظم گڑھ ہے برقی میرا آبائی وطن
میرے والد تھے وہاں پر مرجعِ اہلِ نظر
نام تھا رحمت الٰہی اور تخلّص برق تھا
آج میں جو کچھ ہوں وہ ہے اُن کا فیضانِ نظر
راجدھانی دہلی میں ہوں ایک عرصے سے مقیم
ریڈیو کے فارسی شعبے سے ہوں میں منسلک
جس کی عظمت کے نشاں ہیں ہر طرف جلوہ فگن
جن کے فکر و فن کا مجموعہ ہے تنویرِ سخن
ضو فگن تھی جس کے دم سے محفلِ شعر و سخن
اُن سے ورثے میں ملا مجھ کو شعورِ فکر و فن
کر رہا ہوں میں یہاں پر خدمتِ اہلِ وطن

میرا عصری آگہی برقی ہے موضوعِ سخن

سادہ اور رواں لفظوں کے ذریعے غیر مردّف غزلیہ اشعار کے توسط سے ڈاکٹر احمد علی برقی اعظمی نے جس ہمہ دانی کے ساتھ تعارف کروایا ہے وہ خود اس بات کی دلیل ہے کہ شاعر کو علمِ عروض اور شاعری ہی نہیں بلکہ شعری پیراہن میں کسی کیفیت کو بیان کرنے کی خصوصیت پر پوری طرح عبور حاصل ہے اور یہ اندازہ ہوتا ہے کہ انہیں یہ صلاحیت خدا کی جانب سے عطا ہوئی ہے اور مشقِ سخن نے انہیں مکمل شاعر کی حیثیت سے رُوشناس کرایا ہے۔ اس منظوم تعارف سے خود اندازہ ہو جاتا ہے کہ برقی اعظمی عصری حسّیات سے مالا مال ایسے شاعر ہیں جو صرف اور صرف غزلیہ پیراہن کے توسط سے ہر موضوع اور ہر کیفیت کو بیان کرنے کی صلاحیت رکھتے ہیں چنانچہ نعت جیسی مشکل صنف کو بھی رواں بحر میں پیش کر کے برقی اعظمی نے اپنی فنی خوبیوں کا اظہار کیا ہے جس کو محسوس کرنے کے لیے نعت کے چند اشعار پیش ہیں جن میں روانی اور تسلسل کے علاوہ خیال کے بہاؤ کی ایسی خوبی پائی جاتی ہے کہ جس کی مثال اردو کے بہت کم شعراء کے کلام میں دکھائی دیتی ہے۔

ہدایت کی شمعِ فروزاں تم ہی ہو
ہے قول و عمل جس کا یکساں تم ہی ہو
نہیں جس کا کونین میں کوئی ثانی
زباں جس کی برقیؔ ہے قرآنِ ناطق
خدا خود ہے جس کا ثناخواں تم ہی ہو
کتابِ سعادت کا عنواں تم ہی ہو
ہیں جن و بشر جس پہ نازاں تم ہی ہو

جو ہیں سر بسر نورِ یزداں تم ہی ہو

بلا شبہ فخر موجودات، احمدِ مجتبیٰ حضرت محمد صلی اللہ علیہ وسلم کی مدح کے لیے جس دل گداز لب و لہجے کو استعمال کر کے برقی اعظمی نے شعری فن کا اظہار کیا ہے اس کی مثال نعتیہ شاعری میں بھی ملنی مشکل ہے اور یہ بات واضح ہو جاتی ہے کہ برقی اعظمی صرف تفننِ طبع یا پھر شعر گوئی کا حق ادا کرنے کے لیے کلام نہیں لکھتے بلکہ علمِ عروض کی پنہائیوں کو اپنے اندر سمو کر جب شاعری میں ڈوب جاتے ہیں تب شعر کہتے ہیں اسی لیے اُن کی شاعری میں نہ صرف اصلیت اور سادگی بلکہ جوش کے علاوہ تفحّصِ الفاظ اور مشاہدۂ ذات و کائنات کی وہ تمام خوبیاں شامل ہو جاتی ہیں جنہیں مولانا حالی نے شاعری کی ضرورتیں قرار دے کر یہ ثابت کیا تھا کہ ان پانچوں عوامل کے ملنے کی وجہ سے ہی اعلیٰ ترین شاعری کے نمونے منظرِ عام پر آتے ہیں۔ غرض اکیسویں صدی میں داخل ہوتے ہوئے مولانا حالی کی تنقیدی روایات کا پاس و لحاظ رکھتے ہوئے برقی اعظمی نے غزل کی ہیئت کی برقراری کے ساتھ ایک ایسی دنیا سجائی ہے جس میں موضوعات کے تنوع کے ساتھ ساتھ اظہارات کی ہمہ گیری اور خیالات کی پیش قدمی کا ایسا رجحان پایا جاتا ہے کہ جس کی مثال اردو شاعری میں دو صدیوں میں ملنی مشکل ہے۔ حالی نے شاعری کو سادہ اور آسان بنایا لیکن حالی کے بعد کے تمام نظم نگار شعراء جیسے چکبستؔ، دیا شنکر نسیمؔ، تلوک چند محروم، علامہ اقبالؔ، جوشؔ ملیح آبادی حتیٰ کہ ترقی پسند شاعروں نے بھی نظم کی شاعری کو پیچیدہ تراکیب اور تشبیہات اور استعارات کی دنیا سے وابستہ کر کے شاعری کو سادگی سے دور کر دیا، اگر اُس دور میں سادہ لفظیات کے ساتھ شاعری کو فروغ دینے والے شعراء کا نام لیا جائے تو اُن میں جگرؔ، فانیؔ، حسرتؔ اور خمارؔ جیسے شعراء دکھائی دیتے ہیں جنہوں نے سادہ لفظیات کے ساتھ شاعری میں پُرکاری کے حُسن کو شامل کر دیا، اس لحاظ

سے دیکھا جائے تو ڈاکٹر احمد علی برقی اعظمی اسی روایت کی توسیع کے علمبر دار نظر آتے ہیں اور انہوں نے بطورِ خاص غزل کے لب و لہجے اور اُس کی ہیئت کو برقرار رکھتے ہوئے موضوعاتی شاعری کر کے یہ ثابت کر دیا کہ غزل کی ہیئت صرف حسن و عشق اور گل و بلبل کی شاعری کی نمائندہ نہیں بلکہ عصرِ حاضر کے مسائل کی پیش کشی اسی غزلیہ ہیئت کی شاعری میں ممکن ہے۔ چنانچہ انہوں نے دورِ حاضر کے نمائندہ مسائل کو پیشِ نظر رکھتے ہوئے ایسی شاعری کی طرف توجہ دی جو موضوعات کا احاطہ کرتے ہوئے بہتر اظہار کی نشاندہی کرتی ہے۔ اس اظہار کے لیے انہوں نے انگریزی لفظیات کو بھی غزلیہ اشعار کا پیرہن بخش دیا۔ غزل کی ہیئت میں لکھی اُن کی نظم "ہے آلودگی نوعِ انسان کی دشمن" کے چند اشعار پیش ہیں جس میں شاعر نے انگریزی لفظیات کو بھی غزلیہ آہنگ میں شامل کرتے ہوئے نئی ندرت کا ثبوت فراہم کیا ہے۔

سلو پوائزن ہے فضا میں پلیوشن
ہر اک شخص پر یہ حقیقت ہے روشن
یوں ہی لوگ بے موت مرتے رہیں گے
نہ ہو گا اگر جلد اس کا سلیوشن
بڑے شہر ہیں زد میں آلودگی کے
جو حسّاس ہیں اُن کو ہے اس سے اُلجھن
فضا میں ہیں تحلیل مسموم گیسیں
ہیں محدود ماحول میں آکسیجن
جدھر دیکھیے "کاربن" کے اثر سے
ہیں مائل بہ پژمردگی صحنِ گلشن

کسی کو ہے "دمّہ" کسی کو "الرجی"
مکدّر رہوا ہے کسی کو ہے ٹینشن
سلامت رہے جذبۂ خیر خواہی
چھڑائیں سبھی اس مصیبت سے دامن

طویل نظم کے چند اشعار پیش کر کے یہ بات ثابت کی جا رہی ہے کہ احمد علی برقی اعظمی نے ایک ایسے عہد میں موضوعاتی غزلیں لکھ کر نظمیہ کیفیت پیدا کرنے میں کامیابی حاصل کر لی ہے اور دورِ حاضر کے مروجہ انگریزی الفاظ کو اُن میں جگہ دے کر اسلوب کی ایسی سطح نمودار کی ہے جسے برقی اعظمی کی جدّت ہی نہیں بلکہ اُن کی ایجاد سے تعبیر کیا جا سکتا ہے۔ برقی اعظمی معاصر ادب کے ایک ایسے نبّاض شاعر ہیں جنھوں نے عصری ماحول اور اُس میں پیدا ہونے والی بے ضابطگیوں کی نبض پر ہاتھ رکھ کر نہ صرف بیماری کی شناخت کی ہے بلکہ اُس کے لیے موزوں اسلوب کی دوا بھی پیش کر دی ہے۔ انہوں نے غزل کی محدود ہیئت کو لا محدود بنا کر موضوعاتی تنوع کو اس انداز سے شامل کیا ہے کہ غزل میں بھی نظم کا حُسن نمایاں ہو رہا ہے اس لیے انہیں مبارک باد دی جانی چاہیے کہ اُن کی غزلیہ شاعری نے سماجی موضوعات کی پیش کشی میں کامیابی حاصل کر کے غزل کی ہیئت کی مؤثر نشاندہی کر دی ہے۔ رواں بحروں اور سادہ لفظوں کے ذریعے پُر اثر بنانے والے شاعروں میں جگرؔ مراد آبادی اپنی انفرادی شناخت رکھتے ہیں اور برقی اعظمی کی شاعری کے مطالعے سے اندازہ ہوتا ہے کہ انہوں نے جگرؔ کی شاعری سے استفادے کی ایک نئی صورت منظرِ عام پر لائی ہے اور وہ جگرؔ کے تمام شاگردوں میں اس لیے ممتاز اور ممیز ہیں کہ جگر کے مدح خوانوں نے یا تو غزل کی شاعری کو اپنایا یا پھر خالص ہندوستانی کھیت کھلیان

کی کیفیت کو شاعری میں پیش کر کے جگرؔ کی نمائندگی کا حق ادا کیا، اس کے بجائے برقی اعظمی نے جگرؔ کے لب و لہجے کو سلامت رکھتے ہوئے غزل کی دنیا میں نظمیہ لطافت کو شامل کرنے میں کامیابی حاصل کی اور یہی خوبی برقی اعظمی کی شعری شناخت کا وسیلہ بن جاتی ہے۔

دورِ حاضر کے جدید موضوعات میں خاص طور پر "گلوبل وارمنگ" کو ہی ردیف بنا کر انہوں نے طویل غزلیہ نظم لکھی اسی طرح انٹرنٹ، عالمی سائنس ڈے، عالمی ارض ڈے، ایڈز کا سدِّ باب، آلودگی باعثِ حادثات، آلودگی مٹائیں جیسے موضوعات کو بھی غزلیہ شاعری میں پیش کرتے ہوئے برقی اعظمی نے ندرتِ فکر اور موضوع کی پیش کشی کے معاملے میں حد درجہ کامیابی حاصل کی ہے۔

ہر موضوع پر اُن کی شاعری میں غزلیہ ہیئت کی نظمیں موجود ہیں اور رواں لب و لہجے کی وجہ سے اُن کی شاعری نہ صرف عام فہم اور دل کو متاثر کرتی ہے بلکہ اُس کی روانی شعر کو گنگنانے اور اُسے یاد کر لینے کا سبب بھی بن جاتی ہے۔ اُن کی غیر مردّف غزلیہ ہیئت میں پیش کردہ موضوعاتی غزل کا عنوان ہے "منحصر ہے آج انٹرنٹ پہ دنیا کا نظام" کے چند اشعار ملاحظہ ہوں جن میں انٹرنٹ کی انگلش لفظیات کو انہوں نے بڑی ہی چابکدستی کے ساتھ استعمال کیا۔ نظم کے غزلیہ لہجے میں اظہار اور تسلسل کی روانی کو ہر ادب دوست محسوس کر سکتا ہے۔

منحصر ہے آج انٹرنٹ پہ دنیا کا نظام
اشہبِ دوراں کی ہے اس کے ہی ہاتھوں میں لگام
"ورلڈ وائڈ ویب" میں ہے ممتاز 'گوگل ڈاٹ کام'
استفادہ کر رہے ہیں آج اس سے خاص و عام

سب سوالوں کا تسلّی بخش دیتی ہے جواب
اس لیے مشہور ہے سارے جہاں میں اس کا نام
ہیں "ریڈف میل" اور "یاہو" بھی نہایت کارگر
جاری وساری ہے ان کا بھی سبھی پر فیضِ عام
خدمتِ اردو میں ہے مصروف "اردستان" اور
"انڈین مسلمس"، "ٹوسرکلس" "خبریں ڈاٹ کام
ہیں یہ ویب سائٹ ضرورت وقت کی احمد علی
اس لیے اہلِ نظر کرتے ہیں ان کا اہتمام

ڈاکٹر احمد علی برقی اعظمی نے غزلیہ ہیئت کو کام میں لاتے ہوئے جتنی بھی نظمیں لکھی ہیں اُن میں اکثر جگہوں پر مردّف رویے کو اختیار کیا ہے کہیں کہیں غیر مردّف لہجے کی بھی نمائندگی کی ہے۔ بلاشبہ غزلیہ ہیئت میں خیالات نظم کرنے کے لیے غیر مردّف ہیئت کو ہی ترسیل کی تکمیل کا موقع حاصل ہو جاتا ہے اس لیے برقی اعظمی کی شاعری میں اسی طرز کی مؤثر نمائندگی موجود ہے، اس کے علاوہ برقی اعظمی کا ایک اہم کارنامہ یہ بھی کہ انہوں نے "یادِ رفتگاں" کے زیرِ عنوان اردو کے مرحوم شاعروں اور ادیبوں کو خراجِ عقیدت پیش کرنے کے لیے بھی غزلیہ ہیئت میں اظہارِ خیال کیا ہے، انہوں نے معاصر شاعروں اور ادیبوں کی خدمات کا اعتراف کرتے ہوئے "شخصی مرثیہ" کے توسط سے ابنِ صفی، مشتاق احمد یوسفی، احمد فراز اور فیض احمد فیض اور علامہ اقبال کی ستائش کے لیے غزل کی ہیئت میں بہترین خراجِ عقیدت پیش کیا ہے۔ ہر شاعر اور ادیب پر لکھی ہوئی اُن کی غزل نما نظموں کو نمونے کے طور پر پیش کرنا سخت دشوار ہے اس لیے ابنِ صفی کی یاد میں اُن کا منظوم خراجِ عقیدت بطورِ نمونہ پیش کیا جاتا ہے۔ غزل کے اس انداز میں بھی

انہوں نے یادِ رفتگاں کے زیرِ عنوان غیر مردّف غزلیہ ہیئت کو پیشِ نظر رکھا ہے۔ ابنِ صفی مرحوم کی یاد میں اُن کے چند اشعار بطورِ نمونہ پیش ہیں۔

ابنِ صفی سپہرِ ادب کے تھے ماہتاب
اردو ادب میں جن کا نہیں ہے کوئی جواب
وہ اپنے دوستوں کے دلوں میں ہے آج تک
ویب سائٹ اُن کی کیوں نہ ہو عالم میں انتخاب
جاسوسی ناولوں میں جو ہیں اُن کے شاہکار
اپنی مثال آپ ہیں وہ اور لاجواب
کرداروں کی زبان سے اپنے سماج کے
وہ کر رہے تھے تلخ حقائق کو بے نقاب
برقیؔ جو اُن کا فرض تھا وہ تو نبھا گئے
ہے اقتضائے وقت کریں اُس کا احتساب

ڈاکٹر احمد علی برقی نے مرحوم شاعروں اور ادیبوں کو خراجِ عقیدت پیش کرنے کے لیے بھی سادہ لب و لہجے کی توسط سے غزلیہ ہیئت میں فن کے گُن گائے ہیں اس سے خود اندازہ ہوتا ہے کہ برقی اعظمی ہر خیال اور موضوع کو پوری تابناکی کے ساتھ شعر میں پیش کرنے کی صلاحیت سے مالا مال ہیں البتہ یہ ایک حقیقت واضح ہوتی ہے کہ انہوں نے غزل کی ہیئت کے لیے بے شمار عروضی آہنگ کو نظر انداز کرتے ہوئے صرف ان ہی بحروں کا انتخاب کیا جو رواں اور دل بستگی کا سامان فراہم کرتی ہیں۔ بعض اوقات ایک ہی بحر میں استعمال ہونے والی کئی موضوعاتی نظمیں اور خراجِ عقیدت کا انداز اُن کی شاعری کو یکسانیت سے ہم آہنگ کر دیتا ہے لیکن اُن کے شاعرانہ تشخّص کو بہر حال قبول کیا جانا

چاہیے۔ بے شمار موضوعاتی نظموں، یادِ رفتگان اور اپنے تعارف کے علاوہ نعت اور غزلوں کے ذریعے برقی اعظمی نے اعلیٰ انداز کی محفل سجائی ہے اور اُن کی غزلوں میں بھی وہی سادگی اور روانی کام کر جاتی ہے جو شعر کی تفہیم کے ساتھ ساتھ اُس کی ترسیل کا حق بھی ادا کرتی ہے۔ چونکہ انہیں جگرؔ مراد آبادی کے رنگِ تغزّل سے خصوصی دلچسپی ہے اور وہ خود کو جگرؔ کے پیرو قرار دیتے ہیں اس لیے جگرؔ کی غزلوں کی زمینوں میں انہوں نے نذرِ جگر مرادآبادی کا جو ایوان سجایا ہے وہ بھی بذاتِ خود ادب کا ایک اہم حصّہ قرار دیا جا سکتا ہے۔ جگر کو اُن کی غزلوں کی زمینوں میں خراجِ عقیدت پیش کرنا بھی ایک مشکل رویہ ہے لیکن اس مرحلے میں بھی برقی اعظمی ثابت قدمی سے اپنی راہ کا تعیّن کر لیتے ہیں۔ جگر کے بارے میں اُن کی نذرِ جگر والی غزلیہ ہیئت کی نظموں سے چند اشعار پیش ہیں جس میں انہوں نے جگر کی غزلوں کی زمینوں کو بروئے کار لایا ہے۔

ہے جگر کی شاعری برقی حدیثِ دلبری
اس تغزّل نے بنا ڈالا ہے دیوانہ مجھے

نذرِ جگر کے چند اور شعر جو بذاتِ خود برقی اعظمی نے جگر کے لب و لہجے کو بر قرار رکھتے ہوئے پیش کیا ہے ملاحظہ ہو۔

میں جدائی تری کس طرح سہوں شام کے بعد
بن ترے تُو ہی بتا کیسے رہوں شام کے بعد
جُز ترے کون کرے گا مری وحشت کا علاج
کس سے میں اپنا کہوں حالِ زبوں شام کے بعد
آتا رہتا ہے مرے ذہن میں اکثر یہ خیال
کیا ملے گا کبھی مجھ کو بھی سکوں شام کے بعد

ضبط کرتا ہوں بہت احمد علی برقیؔ مگر

بڑھنے لگتا ہے مرا جوشِ جنوں شام کے بعد

برقی اعظمی نے کئی غزلوں میں جگرؔ کے انداز کو برقرار رکھتے ہوئے انہیں اُن کی زمینوں میں خراجِ عقیدت پیش کیا ہے۔ اُن کی غزلوں میں بھی فطری روانی اور غزل کی چابکدستی نمایاں ہوتی ہے۔ وہ طویل غزلیں لکھنے پر بھی قدرت رکھتے ہیں اور اُن کی غزلوں میں قافیے بڑے چست اور معنی خیز ہوتے ہیں۔ وہ بڑی چابکدستی کے ساتھ خیالات کو لفظوں کے بندھن میں باندھنے کا ہنر رکھتے ہیں اور خاص بات یہی ہے کہ انہوں نے غزل کی روایتی خصوصیات کو بنائے رکھنے میں اپنے فن کو شدّت کے ساتھ استعمال کیا ہے۔ اُن کی غزلوں سے کسی مختص شعر کا انتخاب کر کے پیش کرنا سخت دشوار ہے کیونکہ ہر شعر اپنی وحدت اور خیال کی باریک بینی کی وجہ سے کیفیاتی فضا قائم کرنے میں منفرد ہے البتہ انہوں نے اپنے مقطعوں میں جس ندرت اور پاکیزہ خیالی کو پیشِ نظر رکھا ہے اُس کی اہمیت کو سمجھتے ہوئے اُن کی غزلوں کے چند مقطعے بطورِ نمونہ پیش ہیں۔

طبیعت ہے برقیؔ کی جدّت پسند

کسی نے نہیں جو کیا کر چلے

کچھ نہ آئی کام میری اشک باری ہجر میں

سو صفر جوڑے مگر برقیؔ نتیجہ تھا صفر

ناکامیوں سے کم نہ ہوا میرا حوصلہ

برقی قدم میں آگے بڑھاتا چلا گیا

سفر دشتِ تمنا کا بہت دشوار ہے برقیؔ

پہنچ جاؤں گا میں لیکن وہاں لغزیدہ لغزیدہ

برقیؔ کے حالِ زار تھی اُس نے نہ لی خبر
وہ کر رہا تھا نامہ نگاری تمام رات

برقی اعظمی رواں بحروں میں غزل لکھنے کی حسن کاری سے بخوبی واقف ہیں اور وہ جمالیاتی احساس کو غزل میں شامل کر کے ایک جانب تو شعری کائنات سجاتے ہیں تو دوسری جانب احساس کی گرمی کے توسط سے اپنے کلام کو تاثیر سے وابستہ کرتے ہیں۔ اُن کی شاعری کے یہ چند ایسے اوصاف ہیں جو عصرِ حاضر کے شاعروں میں خال خال ہی نظر آتے ہیں۔ اس لیے روانی اور سبک روی کے ساتھ غزل کی کائنات سجانے پر برقی اعظمی کے کلام کا استقبال کرنا چاہیے اور یقین کے ساتھ کہا جا سکتا ہے کہ انھوں نے غزل کے اظہاری وسیلے کو وسعت دے کر اکیسویں صدی میں غزلیہ شاعری کی اہمیت اور افادیت کو حد درجہ مستحکم کر دیا ہے۔

(۳) ڈاکٹر احمد علی برقیؔ اعظمی، عصر حاضر کے شگفتہ بیان شاعر

ڈاکٹر نصرت جہاں

معروف شاعر، نقاد، دانشور ڈاکٹر احمد علی برقیؔ اعظمی کی شخصیت کسی تعارف کی محتاج نہیں ہے۔ وہ ۱۹۷۷ میں اعلیٰ تعلیم کے حصول کے لئے دہلی آئے اور اسی شہر کے ہو کر رہ گئے۔ وہ ۲۵ دسمبر ۱۹۵۴ کو ہندوستان کے شہر اعظم گڑھ (یوپی)، محلہ باز بہادر میں رحمت الٰہی برقؔ اعظمی کے ہاں پیدا ہوئے جو ایک کہنہ مشق شاعر تھے اور جنہیں جانشینِ داغؔ حضرت نوحؔ ناروی سے شرفِ تلمذ حاصل تھا۔ ڈاکٹر احمد علی برقیؔ اعظمی کے بڑے بھائی ڈاکٹر رحمت علی اکمل، ڈاکٹر شوکت علی شوکت اعظمی اور برکت علی برکت اعظمی بھی شعر و سخن سے خاص شغف اور لگاؤ رکھتے ہیں۔ ڈاکٹر احمد علی برقیؔ اعظمی درجہ پنجم تک مدرسہ اسلامیہ باغ میر پیٹو، محلہ آصف گنج، شہر اعظم گڑھ کے طالب علم رہے، بعد از آں انہوں نے ۱۹۶۹ میں ہائی اسکول، ۱۹۷۱ میں انٹر میڈیٹ، ۱۹۷۳ میں گریجویشن، ۱۹۷۵ میں ایم اے اردو اور ۱۹۷۶ میں بی ایڈ کی سند حاصل کی۔ اعلیٰ تعلیم کے حصول کے لئے انہوں نے دہلی کا رخ کیا اور ۱۹۷۷ میں جواہر لعل نہرو یونیورسٹی، نئی دہلی سے ایم اے فارسی اور پی ایچ ڈی کی ڈگری حاصل کی اور ۱۹۸۳ میں عملی طور پر میڈیا (آل انڈیا ریڈیو کے شعبۂ فارسی) سے وابستہ ہو گئے فی الوقت بھی وہ شعبۂ فارسی کے انچارج ہیں۔

ڈاکٹر احمد علی برقیؔ اعظمی شاعری میں اپنے والد محترم رحمت الٰہی برقؔ اعظمی کو اپنا مرشد مانتے ہیں۔ بقول ڈاکٹر احمد علی برقیؔ اعظمی انہیں شاعری سے شغف والد محترم کے

فیضِ صحبت سے ہوا کیونکہ بچپن کا بیشتر حصہ انہوں نے والدِ محترم کے سایۂ عاطفت میں گزارا۔ میں سمجھتی ہوں کہ انہوں نے بچپن ہی سے زندگی کا مطالعہ جذباتی، جمالیاتی اور نفسیاتی پہلوؤں سے کیا ہے۔ تفکر ان کے مزاج کا حصہ ہے لیکن وہ شاعری میں منطقی انداز اختیار نہیں کرتے ہیں بلکہ ہمیشہ جذبے اور خیال کو اہمیت دیتے ہیں۔ ان کے یہاں تجربات و احساسات کا تنوع بھی ہے اور رنگینی بھی، شخصیت کا تضاد بھی ہے اور شعری تصورات کا ربط بھی۔ وہ ہر چیز کو جمالیاتی ڈھانچے میں ڈھال لیتے ہیں۔ زندگی کے ہر تجربے کا متبادل ان کے یہاں نقش جمال کی صورت موجود ہے۔ مجموعی طور پر ان کی شاعری میں زندگی کا المیہ پہلو زیادہ نمایاں ہے اس میں غم عزت، غم ناموس، غم روزگار اور غم عشق کے علاوہ ان کی ذاتی ناآسودگیاں بھی شامل ہیں۔ ان کے چند شعر قارئین کی خدمت میں حاضر ہیں۔

ناکامیوں سے کم نہ ہوا میرا حوصلہ
برقیؔ قدم میں آگے بڑھاتا چلا گیا

برقیؔ کے حالِ زار کی اس نے نہ لی خبر
وہ کر رہا تھا نامہ نگاری تمام رات

برقیؔ کہیں ملے نہ ملے یہ بھی اس لئے
جو مل رہا ہے کیوں نہ وہ بڑھ کر سمیٹ لوں

پہلے جو اپنے اشاروں پہ چلا کرتے تھے
اب وہی راہ دکھاتے ہیں ہمیں چلنے کی

ڈاکٹر احمد علی برقیؔ اعظمی کی شاعری کا دائرہ کار نہ صرف وسیع ہے بلکہ ان کی شاعری میں موضوعات کا تنوع پڑھنے اور سننے والوں کو اپنی گرفت میں لے لیتا ہے۔ ان کی

شعری خصوصیات کے بارے لکھے گئے ایک مضمون بعنوان "برقی اعظمی کی اردو شاعری" میں اسرار احمد رازی لکھتے ہیں کہ ان کے کلام میں جذبوں کی صداقت، کلام کی شیرینی و ملاحت اور عرض ہنر میں دیدہ و دل کی بصارت جگہ جگہ جلوہ افروز نظر آتی ہے۔ وہ نہ تو مافوق العادت اوہام و تخیلات کے اسیر ہیں اور نہ ہی ماورائیت کے دلدادہ بلکہ زمین پر ننگے پاؤں چل کر زمینی حقیقتوں کا بچشم خود مشاہدہ کرتے ہیں اور ان سے بے باکانہ آنکھیں ملا کر باتیں کرتے ہیں۔ ان کے افکار و خیالات میں قدامت یا باسی پن کا کوئی احساس نہیں ہوتا، تازہ کاری ان کا وصف خاص ہے۔ ان کے یہ اشعار دیکھئے کہ کس طرح دعوت فکر دیتے ہیں۔

ہوتے ہیں ان کے نام پہ برپا مشاعرے
معیارِ شعر ان کی بلا سے گرے گرے
جن کا رسوخ ہے انہیں پہچانتے ہیں سب
ہم دیکھتے ہی رہ گئے باہر کھڑے کھڑے
جو ہیں زمانہ ساز وہ ہیں آج کامیاب
اہلِ کمال گوشۂ عُزلت میں ہیں پڑے
زندہ تھے جب تو ان کو کوئی پوچھتا نہ تھا
ہر دور میں ملیں گے بہت ایسے سر پھرے
برقی ستم ظریفیِ حالات دیکھئے
اب ان کے نام پر ہیں ادارے بڑے بڑے

میرے نزدیک غالبؔ اور احمد علی برقیؔ اعظمی کو ایک جیسا عہد ملا ہے۔ غالبؔ کے دور میں پرانی قدروں کی ٹوٹ پھوٹ، مغل تہذیب کے انحطاط اور سماجی اقدار کا رہا سہا

بھرم اٹھ گیا تھا۔ آج برقیؔ اعظمی کو ایک ایسا دور ملا ہے جس میں اخلاقی قدریں ناپید ہو چکی ہیں۔ خوشامد پسندی سکہ رائج الوقت ہے۔ شاعری کے معیار کی پیمائش صرف اور صرف اقرباء پروری تک محدود ہو کر رہ گئی ہے۔ اگر کوئی نیا شاعر انجمن باہمی ستائش کا ممبر ہے تو اسے دنوں میں میڈیا کی بدولت شہرت کے ساتویں آسمان پر پہنچا دیا جاتا ہے اور پھر وہ شاعر خود پسندی کی فصیل میں ہمیشہ کے لئے قید ہو جاتا ہے اور تمام حیات وہ یہ جان ہی نہیں پاتا کہ شاعری کا اعلیٰ مقام کیا ہے اور اس نے کتنی منزلت طے کی ہے۔ احمد علی برقی اعظمی وہ شخصیت ہیں جنہوں نے تمام نامساعد حالات کے باوجود اندرون ملک اور بیرون ملک میں نام کمایا ہے جبکہ انہوں نے اپنے کسی تعلق کو اپنے ذاتی مفاد اور تشہیر کے لئے استعمال نہیں کیا۔ اس غزل میں دوستوں کی بے اعتنائی کا تذکرہ کچھ یوں کرتے ہیں۔

اب دغا دیتے ہیں جو چھُپ کے مِلا کرتے تھے
کچھ سمجھ میں نہیں آتا کہ وہ کیا کرتے تھے
ایک وہ ہیں جنھیں وعدوں کا نہیں پاس ولحاظ
ایک ہم ہیں کہ جو کہتے تھے کیا کرتے تھے
کاش ہم اپنے بزرگوں سے سبق کچھ لیتے
"اب وہی دیکھ رہے ہیں جو سنا کرتے تھے"
جانے کب دیں گے وہ دروازۂ دل پر دستک
ہیں کہاں وعدہ فردا جو کیا کرتے تھے
اب مٹانے پہ تُلے ہیں وہی ہم کو شب و روز
جن کی تقدیر سنورنے کی دعا کرتے تھے
اب وہی راہ دکھاتے ہیں ہمیں چلنے کی

پہلے جو اپنے اشاروں پہ چلا کرتے تھے

جوش میں ہوش نہیں تھا ہمیں اس کا برقیؔ

وہ بُرا کرتے ہیں ہم جن کا بھلا کرتے تھے

ڈاکٹر احمد علی برقیؔ اعظمی کی شاعری میں اپنائیت اور آفاقی احساسات کچھ اس انداز سے نمایاں ہوتے ہیں کہ قارئین انہیں اپنے دل کے بہت قریب محسوس کرتے ہیں۔ ان کی شاعری میں وسعت، زبان و بیان کی دلکشی، لہجہ اور طرز ادا کی شیرینی، انداز بیان کی شگفتگی اور فکر و خیال کی رعنائی کے علاوہ موضوعات کا تنوع محققین کو راغب کرنے کے لئے کافی ہے۔ وہ عصر حاضر کے بیحد ترقی یافتہ سماج میں کلبلاتے درد سے پوری طرح باخبر ہیں۔ ان کی شخصیت کی عبقریت پر بہت سے دلائل شاہد عدل ہیں کیونکہ انہوں نے وہ کارہائے نمایاں انجام دیے ہیں جن کا اردو ادب کی آبیاری میں بہت بڑا کردار ہے۔ وہ تمام ادیبوں کو اپنی برادری خیال کرتے ہیں۔ ان کے نزدیک اس بات کی زیادہ اہمیت نہیں ہے کہ لکھنے والا ہندوستانی یا پاکستانی۔ تخلیق کار خواہ دنیا کے کسی حصے سے تعلق رکھتا ہو اگر اس کا فن پختہ اور یکتا ہے تو ڈاکٹر احمد علی برقی اعظمی اس تخلیق کار کو منظوم خراج تحسین پیش کرنے میں ذرا بھی تامل نہیں کرتے۔ ابھی حال ہی میں انہوں نے ایک پاکستانی شاعر سید تابش الوری کے غیر منقوط نعتیہ اشعار پر مشتمل کتاب "سرکارِ دو عالم" پر اپنے منظوم تاثرات پیش کیے ہیں جو یقیناً ایک قابل ستائش عمل ہے۔ حیرت انگیز اطلاع یہ ہے کہ ڈاکٹر احمد علی برقیؔ اعظمی کی سید تابش الوری سے کوئی جان پہچان یا شناسائی نہیں ہے۔ سید تابشؔ الوری نے جواب کچھ اشعار برقیؔ صاحب کی خدمت میں پیش کیے ہیں جن میں ان کے فن و فکر کا ذکر کیا گیا ہے۔

اخلاص و اشتیاق کا پیام، جناب احمد علی برقیؔ کے نام

حضرت برقیؔ نے بھیجا دلنشیں شعروں کا ہار
فکر خیز و معنی انگیز و بلاغت آشکار
لفظ تابندہ نگینوں کی طرح ترشے ہوئے
حسنِ صورت، حسن فن، حسن نظر کے شاہکار
شعر و فن میں کہکشاں احساس کی اتری ہوئی
ندرتِ فن رفعت افکار کے آئینہ دار
قادر الالفاظ پختہ فکر برقیؔ اعظمی
شاعری میں دہلیِ مرحوم کا حسن و وقار
آج تک تاریخ کا جھومر ہے دلی کا ادب
آج تک یہ سرزمیں تہذیب کی سرمایہ دار
ذہن کا بُراقؔ اخلاص و عمل کا آئینہ
دل کے گوشے گوشے میں روشن چراغِ اعتبار
دست بستہ لفظ و معنی سر بسجدہ فکر و فن
منفرد اسلوب، پرواز تخیل، تازہ کار
دفعتاً حسنِ سماعت کے دریچے کھل گئے
اجنبی کو آئی کتنی دور سے دل کی پکار
کلمہِ تحسین ان کا موجب عز و وقار
میں سراپا انکسار و انکسار و انکسار

یہ بات قابل رشک ہے کہ ان کا قلم بے تکان لکھتا ہے، خوب لکھتا ہے اور بہت تفصیل سے لکھتا ہے ان کا اپنا رنگ ہے اپنا زاویہ نگاہ اور الگ شناخت ہے۔ ان کے کلام کی

خصوصیات پر کچھ لکھنا سورج کو چراغ دکھانے کے مترادف ہے۔ تسلسل، تغزل، انداز بیان، روانی الفاظ و ترکیبات کی جیسے ایک جوئے شیر رواں دواں نظر آتی ہے۔ وہ انتہائی زود گو، خوش گو، بسیار گو شخصیت کے مالک ہیں۔ فکر و فن کی باریکیاں ان کے آگے طفل مکتب نظر آتی ہیں بلاشبہ برقی اعظمی ایک عبقری شخصیت کے مالک ہیں۔ انہوں نے اپنی مجموعی شاعری سے یہ بھی ثابت کر دیا ہے کہ وہ ایک مخصوص دھارے میں بندھنے کے عادی نہیں ہیں بلکہ تنوع ان کی فطرت میں شامل ہے۔ ان کی اس غزل کا رنگ دیکھئے۔

کرشمے غمزہ و ناز و نظر کے دیکھتے ہیں
دیار شوق سے ہم بھی گزر کے دیکھتے ہیں
سنا ہے خوشنما منظر ہے گُلعذاروں سے
اگر یہ سچ ہے تو ہم بھی ٹھہر کے دیکھتے ہیں
ہے اس کی چشمِ فسوں ساز جیسے گہری جھیل
شناوری کے لئے ہم اتر کے دیکھتے ہیں
خرامِ ناز میں سرگرم ہے وہ رشکِ گل
چمن میں غنچہ و گُل بھی سنور کے دیکھتے ہیں
جدھر جدھر سے گزرتا ہے وہ حیات افروز
نظارے ہم وہاں شمس و قمر کے دیکھتے ہیں
حریمِ ناز معطّر ہے اس کی آمد سے
مزاج بدلے نسیم سحر کے دیکھتے ہیں
کبھی ہے خشک کبھی نم ہے چشمِ ماہ وشاں
نظارے چل کے وہاں بحر و بر کے دیکھتے ہیں

جو خواب دیکھا تھا احمد فرازؔ نے برقیؔ
ہم اس کو زندۂ جاوید کر کے دیکھتے ہیں

روشن خیال ادیبوں، دانشوروں اور شاعروں نے موضوعاتی شاعری کی اہمیت کو تسلیم کرتے ہوئے اس صنف میں طبع آزمائی کی۔ یہ بات باعثِ فخر ہے کہ ڈاکٹر احمد علی برقیؔ اعظمی نے اردو کی موضوعاتی شاعری پر بھرپور توجہ دی ہے۔ ان کی خوبی یہ ہے کہ وہ عظیم تخلیق کاروں کو منظوم خراج تحسین پیش کر کے ان کا معاشرے میں وقار بلند کر رہے ہیں۔ ماضی میں مولانا محمد حسین آزاد کی مساعی سے اردو میں موضوعاتی شاعری کو ایک اہم مقام ملا۔ ان کے بعد یہ روایت مسلسل جاری رہی ہے۔ معروف شاعر محسن بھوپالی کا ایک شعری مجموعہ "موضوعاتی شاعری" کے نام سے آج سے پندرہ برس پہلے شائع ہو چکا ہے۔ مرزا اسد اللہ خان غالب، میر تقی میر، احمد فراز، پروین شاکر، فیض احمد فیض، سید صادقین نقوی، مظفر وارثی اور متعدد عظیم تخلیق کاروں کو ڈاکٹر احمد علی برقی اعظمی نے جس خلوص اور دردمندی سے خراج تحسین پیش کیا وہ نہ صرف ان کی عظمت فکر کی واضح مثال ہے۔ ان کا اسلوب ان کی ذات ہے۔ وہ انسانی ہمدردی کے بلند ترین منصب پر فائز ہیں۔ کسی کا دکھ درد دیکھ کر وہ تڑپ اٹھتے ہیں۔ ان کی موضوعاتی شاعری کا تعلق کسی ایک فرد، علاقے یا نظریے سے ہرگز نہیں ان کی شاعری میں جو پیغام ہے اس کی نوعیت آفاقی ہے اور وہ انسانیت کے ساتھ روحانی وابستگی اور قلبی انس کا برملا اظہار کرتے ہیں۔ ان کا یہ اسلوب انھیں ممتاز اور منفرد مقام عطا کرتا ہے۔

ان کی غزلیں تغزل سے بھرپور اور فنکارانہ حسن کاری سے مزین ہوتی ہیں۔ تراکیب کی خوبصورتی، تشبیہات کی ندرت، الفاظ کا جادوئی دروبست، نرم و خوشنما قافیوں کے موتی، مشکل اضافتوں کے باوجود مصرعوں کی روانی اور ان سب پر مستزاد آپ کی کسر

نفسی دلوں کو متاثر کرتی ہے۔ ڈاکٹر برقی اعظمی کی غزلیں نہایت خوبصورت ردیفوں میں طرز ادا کی خوشنمائی کے ساتھ ساتھ انفرادی طرزِ فکر اور جدت پسندی کی بھی نمائندگی کرتی ہیں۔ وہ تجربات کی دلکشی کو کلام کی روح میں سمو کر احساس کی خوشبو جگاتے ہیں اور قاری کے دل و دماغ کو متاثر کر کے جمالیاتی شعور کی آبیاری کرتے ہیں۔ ان کی سخنوری، طبیعت کی موزونیت اور روانی ہمیشہ ہی قائل کرتی ہے۔ ان کے ان اوصاف کا ہر شخص مداح ہے۔ فیضؔ، ساحرؔ، مجروحؔ، جگر، حسرتؔ، فانیؔ، پروین شاکر، اور ناصر کاظمیؔ وغیرہ ان کے پسندیدہ شعرا ہیں۔ ادیبوں میں سر سید احمد خاں اور شبلی نعمانی سے بیحد لگاؤ رکھتے ہیں۔ وہ زندگی کی ستاون بہاریں گزار چکے ہیں مگر آج بھی وہ نوجوانوں سے کہیں زیادہ چاک و چوبند نظر آتے ہیں۔ اللہ تعالیٰ سے دعا ہے کہ وہ انہیں صحت کے ساتھ لمبی زندگی دے تاکہ وہ یونہی اردو ادب کی خدمت کرتے رہیں۔

(۴) ڈاکٹر احمد علی برقیؔ اعظمی کی موضوعاتی شاعری

ڈاکٹر غلام شبیر رانا

اردو ادب میں موضوعاتی شاعری پر بہت کم توجہ دی گئی ہے۔ قلی قطب شاہ سے لے کر ڈاکٹر احمد علی برقی اعظمی تک اردو ادب میں موضوعاتی شاعری نے جو ارتقائی سفر طے کیا ہے اس کا ایک طویل پس منظر ہے۔ اس حقیقت کو فراموش نہیں کرنا چاہیے کہ ہر موضوع کا تعلق بہ ظاہر محدود متن اور پس منظر سے ہوتا ہے مگر جہاں تک اس کے دائرہ کار کا تعلق ہے تو یہ لا محدود ہوتا ہے۔ ماضی میں اس رجحان کو انجمن پنجاب کی خیال انگیز اور فکر پرور تحریک سے ایک ولولہ تازہ نصیب ہوا۔ آقائے اردو مولانا محمد حسین آزاد، خواجہ الطاف حسین حالی، شبلی نعمانی، اسمٰعیل میرٹھی اور متعدد زعما نے خون جگر سے اس صنف شاعری کی آبیاری کی اور اسے پروان چڑھانے میں اپنی تمام صلاحیتیں صرف کیں۔۔ موضوعاتی شاعری اور اس کے پس پردہ کار فرما لاشعوری محرکات کا بہ نظر غائر جائزہ لینے سے یہ حقیقت روز روشن کی طرح واضح ہو جاتی ہے کہ معاصر ادبی دور میں موضوعاتی شاعری نے اب ایک مضبوط اور مستحکم روایت کی صورت میں اپنی افادیت کا لوہا منوالیا ہے۔ اس طرح یہ روایت تاریخ کے مسلسل عمل کے اعجاز سے پروان چڑھتی ہوئی دور جدید میں داخل ہوئی۔ اس عہد میں ہمیں تمام اہم شعرا کے ہاں اس کے آثار دکھائی دیتے ہیں۔ عالمی شہرت کے حامل نامور پاکستانی ادیب اور دانشور محسن بھوپالی کا ایک شعری مجموعہ "موضوعاتی شاعری" کے نام سے آج سے پندرہ برس قبل شائع ہوا

تھا۔ اس طرح اولیت کا اعزاز انھیں ملتا ہے۔ ان کی نظم "شہر آشوب کراچی" مقبول موضوعاتی نظم ہے۔ اردو کے روشن خیال ادیبوں نے نئے افکار، جدید اسالیب، اور زندگی کی نئی معنویت کو موضوعاتی شاعری کی اساس بنایا۔

ڈاکٹر احمد علی برقی اعظمی کی شاعری میں موضوعات کا تنوع، جدت اور ہم گیری ان کی انفرادیت کا ثبوت ہے۔ ان کی موضوعاتی شاعری جہاں کلاسیکی روایات کا پر تو لیے ہوئے ہے وہاں اس میں عصری آگہی کا عنصر بھی نمایاں ہے۔ معاشرے، سماج اور اقوام عالم کے ساتھ قلبی وابستگی کے معجز نما اثر سے ان کے ہاں ایک بصیرت اور علمی سطح فائقہ دکھائی دیتی ہے۔ وہ جس علمی سطح سے تخلیق فن کے لمحوں میں اپنی موجودگی کا احساس دلاتے ہیں اس کا براہ راست تعلق آفاقیت سے ثابت ہوتا ہے۔ فرد، معاشرے، سماج، وطن، اہل وطن، حیات، کائنات اور اس سے بھی آگے ارض و سما کی لا محدود نیر نگیاں ان کی موضوعاتی شاعری میں اس دلکشی سے سما گئی ہیں کہ قاری ان کے اسلوب بیاں سے مسحور ہو جاتا ہے۔ ان کی یہ موضوعاتی شاعری منظوم تذکرے کی ایک منفرد صورت قرار دی جا سکتی ہے اس موضوعاتی شاعری میں منظوم انداز میں جو تنقیدی بصیرتیں جلوہ گر ہیں وہ اپنی مثال آپ ہیں۔ اس سے قبل ایسی کوئی مثال اردو شاعری میں موجود نہیں۔ انسان شناسی اور اسلوب کی تفہیم میں کوئی ان کا مقابلہ نہیں کر سکتا۔ موضوعاتی نظموں میں جو منفرد اسلوب انھوں نے اپنایا ہے وہ اوروں سے تقلیدی طور پر بھی ممکن نہیں۔ وہ لفظوں میں تصویر کھینچ کر رکھ دیتے ہیں اور قاری چشم تصور سے تمام حالات و واقعات سے آگاہ ہو جاتا ہے۔ وہ اصلاحی اور تعمیری اقدار کو اساس بنا کر پرورش لوح و قلم میں مصروف رہتے ہیں۔ ان کی شاعری میں قصیدہ گوئی یا مصلحت اندیشی کا کہیں گزر نہیں۔ وہ وستائش اور صلے کی تمنا سے بے نیاز حریت فکر کے مجاہد کی طرح اپنے ضمیر کی آواز پر لبیک

کہتے ہوئے حرف صداقت لکھتے چلے جاتے ہیں۔ ان کی موضوعاتی شاعری کا تعلق زیادہ تر مرحوم ادیب، شاعر، فنون لطیفہ کے نابغہ روز گار افراد اور فطرت کے مظاہر ہیں۔ حق گوئی، بے باکی اور فطرت نگاری ان کی موضوعاتی شاعری کا نمایاں ترین وصف ہے۔

ایک زیرک تخلیق کار کی حیثیت سے ڈاکٹر احمد علی برقی اعظمی نے تخلیق فن کے لمحوں میں خون بن کر رگ سنگ مین اترنے کی جو کامیاب سعی کی ہے وہ لائق صد رشک و تحسین ہے۔ ان کا تشخص اپنی تہذیب، ثقافت، کلاسیکی ادب اور اقوام عالم کے علوم وفنون کے ساتھ قرار پاتا ہے۔ وہ اقتضائے وقت کے مطابق تیزی سے بدلتی ہوئی دنیا کے ساتھ عہد وفا استوار رکھتے ہیں اور اسی کو علاج گردش لیل و نہار قرار دیتے ہیں۔ وہ اس امر کی جانب متوجہ کرتے ہیں کہ اگر کوئی قوم اپنے اسلاف کی عظمت اور فکری میراث سے چشم پوشی کی مہلک غلطی کی مرتکب ہوتی ہے تو اس نے گویا یہ بات طے کر لی ہے کہ اسے اپنی ترقی اور عظمت سے کوئی سروکار نہیں ہے۔ اسی لیے ڈاکٹر احمد علی برقی اعظمی نے عالمی شہرت کے حامل تخلیق کاروں کے بارے میں نہایت خلوص اور دردمندی سے کام لیتے ہوئے مثبت شعور اور آگہی پروان چڑھانے کی کوشش کی ہے۔ کلاسیکی اردو شعرا کے متعلق ان کی موضوعاتی شاعری ان کی انفرادیت کے حیران کن پہلو سامنے لاتی ہے۔ اس موضوعاتی شاعری میں ایک دھنک رنگ منظر نامہ ہے۔ تخلیق کار نے ید بیضا کا معجزہ دکھایا ہے۔ اس میں موضوعات کی ندرت، معروضی حقائق، خارجی اور داخلی کیفیات، انفرادی اور اجتماعی زندگی کے جملہ معمولات اس مہارت سے اشعار کے قالب میں ڈھالے گئے ہیں کہ قاری حیرت زدہ رہ جاتا ہے اور وہ پکار اٹھتا ہے

اے مصور تیرے ہاتھوں کی بلائیں لے لوں

اپنی موضوعاتی شاعری میں ڈاکٹر احمد علی برقی اعظمی نے جن عظیم شخصیات کو

منظوم نذرانہ عقیدت پیش کیا ہے ان میں میر تقی میر، میرزا اسد اللہ خان غالب، احمد فراز، پروین شاکر، شبنم رومانی، فیض احمد فیض، سید صادقین نقوی، مظفر وارثی اور متعدد تخلیق کاروں کو انھوں نے زبردست خراج تحسین پیش کیا ہے۔ زبان و بیان پر ان کی خلاقانہ دسترس کا جادو سر چڑھ کر بولتا ہے۔ ان کے اسلوب میں پائی جانے والی اثر آفرینی قلب اور روح کی گہرائیوں میں اتر کر دامن دل کھینچتی ہے۔

انسانیت اور زندگی کی اقدار عالیہ کے ساتھ ڈاکٹر احمد علی برقی اعظمی کی والہانہ محبت ان کی موضوعاتی شاعری میں جس انداز میں جلوہ گر ہے وہ ان کے ندرت تخیل اور انفرادی اسلوب کی شاندار مثال ہے۔ بے لوث محبت اور درد کا یہ رشتہ ان کی ایسی تخلیق ہے جس میں کوئی ان کا شریک اور سہیم نہیں۔ وہ انسانیت کے وقار اور سربلندی کے داعی اور علم بردار ہیں۔ ایسا محسوس ہوتا ہے کہ وہ جغرافیائی حدود اور زمان و مکاں کے دائروں سے آگے نکل کر انسانیت کے آفاقی محور میں اپنا تخلیقی سفر جاری رکھے ہوئے ہیں۔ سائنس کے غیر شخصی انداز سے قطع نظر ان کے اسلوب میں شخصی اور انفرادی انداز کی بو قلمونی اپنا رنگ جما رہی ہے۔ ان کی موضوعاتی شاعری میں ان کا انفرادی اسلوب اس دلکش انداز میں صفحہ قرطاس پر منتقل ہوتا ہے کہ ان کے قلبی احساسات، سچے جذبات، الفاظ اور زبان کی گہری معنویت، پر تاثیر اشاراتی کیفیات اور سب سے بڑھ کر تہذیبی میراث کا تحفظ ان کا مطمح نظر قرار دیا جا سکتا ہے۔ انھوں نے ہمارے ادب، تہذیب و ثقافت اور تاریخ کی مستحسن اور عزیز ترین اقدار و روایات کو صیقل کیا ہے ان کی اس فکری و فنی کاوش نے متعدد تجربات، مشاہدات اور بصیرتوں کو پیرایہ ء اظہار عطا کیا ہے۔ ان کے سوتے ہمارے اسلاف کی فکری میراث سے پھوٹتے ہیں۔ ان کے مطالعہ سے قاری ان تمام مآخذ اور منابع سے آگہی حاصل کر لیتا ہے جن پر ابلق ایام کے سموں کی گرد پڑ چکی

ہے۔ ہمارا معاشرہ اور فطرت کے تقاضے اس جانب اشارہ کرتے ہیں کہ رخش عمر مسلسل رو میں ہے انسان کا ہاتھ نہ تو باگ پر ہے اور نہ ہی اس کے پاؤں رکاب میں

ہیں۔ ان تمام تناسبوں اور تقاضوں کو ہمیشہ مد نظر رکھنا چاہیے۔ شعوری سوچ اور گہرے غور و فکر کے بعد ڈاکٹر احمد علی برقی اعظمی نے موضوعاتی شاعری کو اپنے اسلوب کے طور پر اپنایا ہے۔ یہ سب کچھ تاریخی شعور کا مرہون منت ہے جو حدود وقت، زماں اور لامکاں اور ارضی و سماوی قیود سے بالاتر ہے۔ ایک جری اور زیرک تخلیق کار اسی شعور کو روبہ عمل لاتے ہوئے روایت کو استحکام عطا کرتا ہے۔ وہ اپنی داخلی کیفیت سے مجبور ہو کر کسی بھی موضوع پر برجستہ اور فی البدیہہ لکھنے پر قادر ہیں۔ یہ ان کی قادر الکلامی کا ٹھوس ثبوت ہے۔ ان کا یہ اسلوب انھیں ممتاز اور منفرد مقام عطا کرتا ہے۔ ان کی تخلیقی فعالیت اور ادب پاروں سے اردو زبان و ادب کی ثروت میں جو بے پناہ اضافہ ہوا ہے وہ تاریخ ادب کا ایک درخشاں باب ہے۔ ان کے بار احسان سے اردو زبان و ادب کے شیدائیوں کی گردن ہمیشہ خم رہے گی۔ ان کے فن پاروں کی حقیقی قدر و قیمت کا تعین کرتے وقت قاری اس بات پر ضرور توجہ دیتا ہے کہ تخلیق کار نے کامیاب ابلاغ کے تمام طریقے پیش نظر رکھے ہیں ان میں اسلوب کی انفرادیت، الفاظ کا عمدہ انتخاب، سادگی اور سلاست، خلوص اور صداقت شامل ہیں۔ ڈاکٹر احمد علی برقی اعظمی کی موضوعاتی شاعری کا حقیقی استحسان کرنے کے لیے ذوق سلیم کا ہونا اشد ضروری ہے۔ وہ تزکیہ نفس کی ایسی صورتیں تلاش کر لیتے ہیں کہ فریب سود و زیاں سے گلو خلاصی کے امکانات پیدا ہو جاتے ہیں۔ انھوں نے مواد اور ہیئت کے جمالیاتی عناصر کو اس طرح شیر و شکر کر دیا ہے کہ ان کی موضوعاتی شاعری پتھروں سے بھی اپنی تاثیر کا لوہا منوا لیتی ہے۔ ان کی ادبی کامرانیوں کا اعتراف بہت ضروری ہے۔ تاریخ ہر دور میں اس نابغہ روزگار ادیب کے نام کی تعظیم کرے گی۔

پچاس صفحات پر مشتمل "برقی شعاعیں" ڈاکٹر احمد علی برقی اعظمی کی وہ معرکہ آرا تصنیف ہے جس میں انھوں نے تاریخ ادب میں پہلی بار ماحولیات کے تحفظ کے موضوع پر نظمیں لکھی ہیں۔ یہ تمام نظمیں برقی کتاب کی شکل میں انٹرنیٹ پر بھی دستیاب ہیں۔ سرسید احمد خان نے علی گڑھ تحریک کے ذریعے ۱۸۵۷ میں برصغیر پاک و ہند کے عوام کی فلاح اور ملت اسلامیہ کی تعلیمی ترقی کے لیے جو فقید المثال خدمات انجام دیں انھیں خراج تحسین پیش کرتے ہوئے وہ لکھتے ہیں

بیاد سرسید:

ہے یہ سرسید کا فیضان نظر
جس نے شہر علم کے کھولے ہیں در
جس گھڑی کوئی نہ تھا پر سان حال
تھی بھلائی قوم کی پیش نظر
ان کا برقی ہے یہ احسان عظیم
ہیں علوم عصر سے ہم باخبر

جدید اردو ادب ہو یا قدیم کلاسیکی ادب ان کا مطالعہ بہت وسیع ہے۔ وہ ہر موضوع پر بے تکان لکھتے چلے جاتے ہیں۔ اپنے جذبات کا اظہار کرتے وقت وہ نہایت دل نشیں انداز میں تمام حقائق کو اشعار کے قالب میں ڈھالتے ہیں۔ مشتے از خروارے کے مصداق چند موضوعاتی نظموں سے منتخب اشعار پیش خدمت ہیں۔ ان کے مطالعہ سے تخلیق کار کے اسلوب کا استحسانی مطالعہ ممکن ہے۔

میر تقی میرؔ

میر کی شاعری میں ہے سوز دروں

منعکس جس سے ہوتا ہے حال زبوں
ان کا رنگ تغزل ہے سب سے جدا
آج بھی جس سے ملتا ہے ذہنی سکوں

مرزا اسد اللہ خان غالب

شہر دہلی ہے دیار غالب
یہیں واقع ہے مزار غالب
آج تک اردو ادب کے برقی
محسنوں میں ہے شمار غالب

شبنم رومانی

چلے گئے شبنم رومانی بجھ گئی شمع شعر و سخن
اہل نظر کو یاد رہے گا ان کا شعور فکر و فن

ابن صفی

ابن صفی سپہر ادب کے تھے ماہتاب
اردو ادب میں جن کا نہیں ہے کوئی جواب

شاد عظیم آبادی

قصر اردو کے تھے ستوں شاد عظیم آبادی
فکر و فن کے تھے فسوں شاد عظیم آبادی

عمر خالدی

چل بسے اس جہاں سے عمر خالدی
درس حسن عمل تھی جن کی زندگی

راغب مراد آبادی

راغب مراد آبادی جہاں میں نہیں رہے
جو تھے جہانِ اردو میں اک فخرِ روزگار
اردو ادب کو ان پہ ہمیشہ رہے گا ناز
جن کے نوادرات ہیں اردو کا شاہکار

ابن انشاؔ (شیر محمد)

ابن انشا کا نہیں کوئی جواب
ان کا حسن فکر و فن ہے لاجواب
ان کا طرز فکر و فن سب سے جدا
ان کا فن روشن ہے مثل آفتاب

ممتاز منگلوریؔ

ڈاکٹر ممتاز منگلوری بھی رخصت ہو گئے
کیوں نہ ہو دنیائے اردو ان کے غم میں سوگوار
ان کی تصنیفات ہیں اردو ادب کا شاہکار
ان کی ہیں خدمات ادبی باعث صد افتخار

صادقین

شاعر و خطاط و دانشور تھے سید صادقین
جن کا ہوتا تھا عظیم الشان لوگوں میں شمار
سرحدوں کی قید سے آزاد ہیں ان کے فنون
جن کے ہیں مداح اقصائے جہاں میں بے شمار

ڈاکٹر وزیر آغا

ستون اردو لرز رہا ہے نہیں رہے اب وزیر آغا
جسے بھی اردو سے کچھ شغف ہے وہ نام سے ان کے ہے شناسا
نقوش ہیں لازوال ان کے تمام اصناف فکر و فن میں
سبھی کو ہے اعتراف اس کا ادب کے محسن تھے وہ سراپا

مظفر وارثی

چھوڑ کر ہم کو ہوئے رخصت مظفر وارثی
جن کی عملی زندگی تھی مظہر حب نبی
نعت گوئی میں تھے وہ حسان ثانی برملا
ان کی غزلیں اور نظمیں تھیں سرود سرمدی

ڈاکٹر احمد علی برقی اعظمی ایک راسخ العقیدہ مسلمان ہیں۔ ان کی موضوعاتی شاعری میں اس عشق کا برملا اظہار ملتا ہے۔ کسی قسم کی عصبیت ان کے اسلوب میں نہیں پائی جاتی۔ ان کا پیغام محبت ہے اور وہ اخوت کی جہانگیری اور محبت کی فراوانی کے مبلغ ہیں۔ اردو کی فنی اور جمالیاتی اقدار کے فروغ میں ان کا جو کردار رہا ہے وہ لائق صد رشک و تحسین ہے۔ ان کی انفرادیت نے ان کو صاحب طرز ادیب کے منصب پر فائز کیا ہے۔ ان کے ادبی وجود کا اثبات اور استحکام ان کی جدت، تنوع اور انفرادیت کا مرہون منت ہے۔ وہ تقلید کی کورانہ روش سے دامن بچا کر نئے زمانے نئے صبح و شام پیدا کرنے کے متمنی ہیں ان کا خیال ہے کہ افکار تازہ ہی سے جہان تازہ کا سراغ ملتا ہے۔ ایسے زیرک اور فعال تخلیق کار کا ادبی کام قابل قدر ہے۔ انھوں نے اپنی مستعدی اور تخلیقی فعالیت سے جمود کا خاتمہ کیا اور دلوں کو مرکز مہر و وفا کرنے میں اہم کردار ادا کیا۔ ان کے بارے میں

یہ بات بلاخوف تردید کہی جاسکتی ہے کہ ادب کا کوئی دیانت دار نقاد ان کی اس تخلیقی فعالیت کو نظر انداز نہیں کر سکتا۔ انھوں نے قحط الرجال کے موجودہ زمانے میں بھی انسانیت کے وقار اور سربلندی کو اپنا شعار بنا رکھا ہے۔ ان کی شاعری اور اسلوب جس حسین اور دلکش انداز میں قاری کے شعور کو وسعت اور ذہن و ذکاوت کو لطافت سے فیض یاب کرتا ہے وہ ان کے بلند پایہ تخلیق کار ہونے کی دلیل ہے۔ ان کی موضوعاتی شاعری کی بازگشت تا ابد سنائی دیتی رہے گی۔

پڑھتے پھریں گے گلیوں میں ان ریختوں کو لوگ   مدت رہیں گی یاد یہ باتیں ہماریاں

(۵) احمد علی برقیؔ اعظمی نئ فکری جہات کا شاعر

ابوالفیض عزمؔ سہریاوی

احمد علی برقیؔ اعظمی کو میں برسوں سے جانتا ہوں۔ اعظم گڈھ کے مردم خیز خطے دیارِ شبلی و کیفی اور دیگر شعراء و ادباء سے ان کا تعلق پیدائشی ہے۔ استاد شاعر رحمت الٰہی برقؔ اعظمی کے فرزندِ ارجمند ہیں۔ آل انڈیا ریڈیو کے شعبۂ فارسی میں ایک اعلیٰ عہدہ پر فائز ہیں۔

برقیؔ اعظمی نئ فکری جہات کے کہنہ مشق شاعر ہیں۔ زود گو ہیں۔ بین الاقوامی سطح پر انٹرنٹ کے وسیلے سے بہت سی انجمنوں سے تعلق ہے۔ فی البدیہہ کہتے ہیں اور بہت خوب کہتے ہیں۔ ملازمت کی گوناگوں مصروفیات کی وجہ سے مشاعروں میں شرکت بہت کم ہو پاتی ہے۔ لیکن جب بھی اور جہاں بھی حاضری ہوتی ہے اپنا اچھا تاثر چھوڑے بغیر نہیں رہتے۔ ان کی شاعری ہمہ گیر اور ہمہ جہت ہے۔ دُھلے دُھلائے خوبصورت اور دلآویز الفاظ سے آراستہ اشعار کہتے ہیں جو حدیثِ دلبری کے ساتھ ساتھ عصری حسیت کے بھی آئینہ دار ہیں۔ میں بزمِ امکان کی طرف سے منعقد ہونے والے اس جشنِ برقیؔ اعظمی کے موقع پر انہیں ہدیۂ تبریک و تہنیت پیش کرتا ہوں اور ان کے خوش آئند مستقبل کے لئے دعا گو ہوں۔

* * *